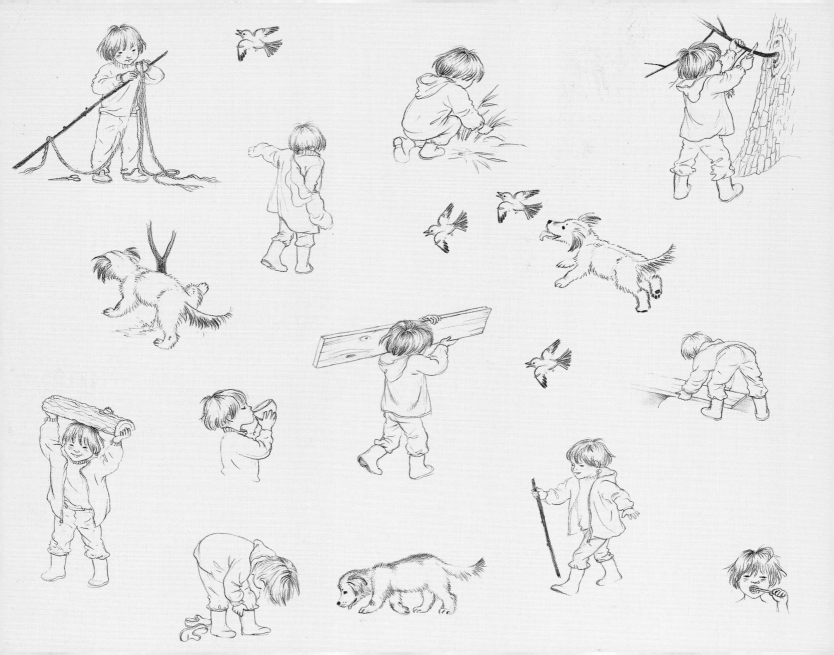

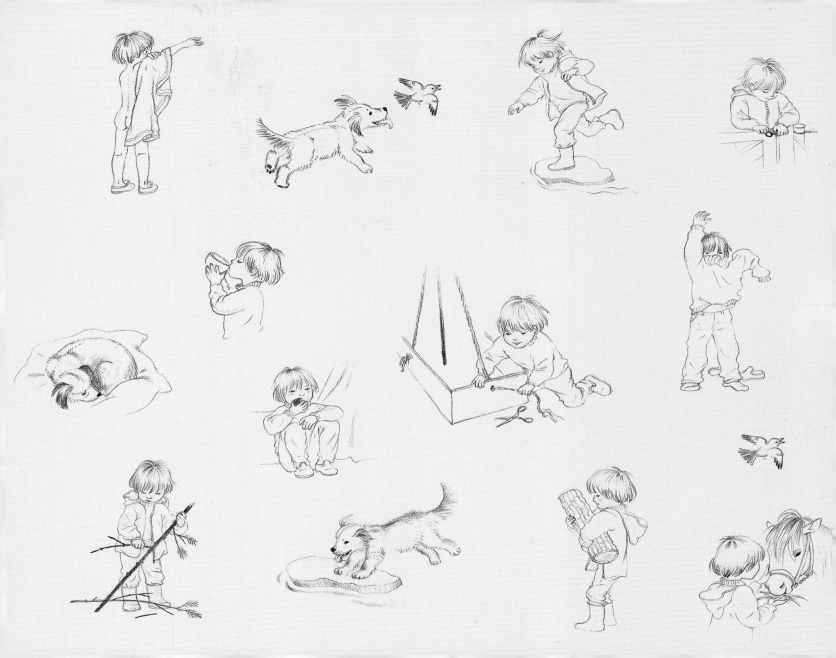

© 1999, l'école des loisirs, Paris
Loi numéro 49.956 du 16 juillet 1949 sur les publications
destinées à la jeunesse : septembre 1999
Dépôt légal : décembre 2004
Imprimé en France par Aubin Imprimeur à Poitiers-Ligugé

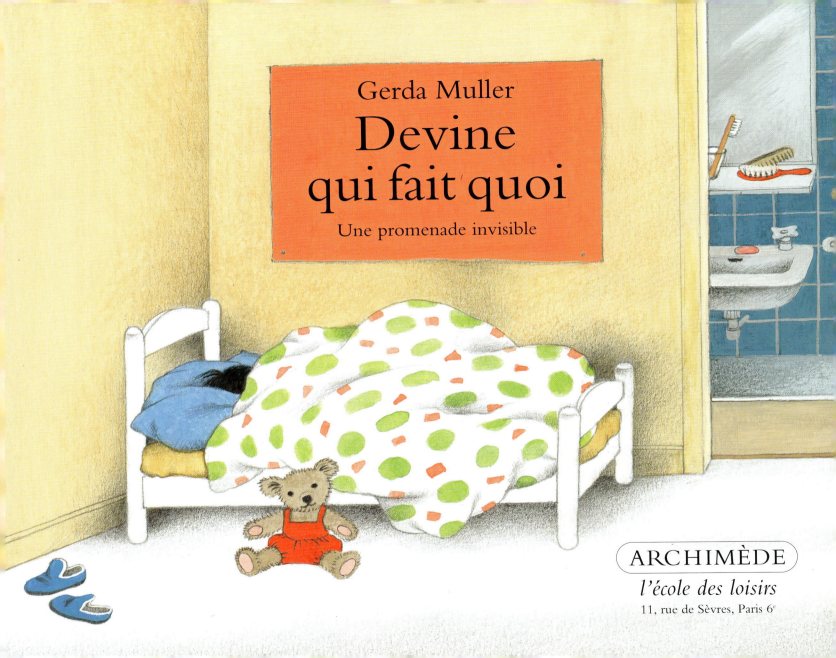

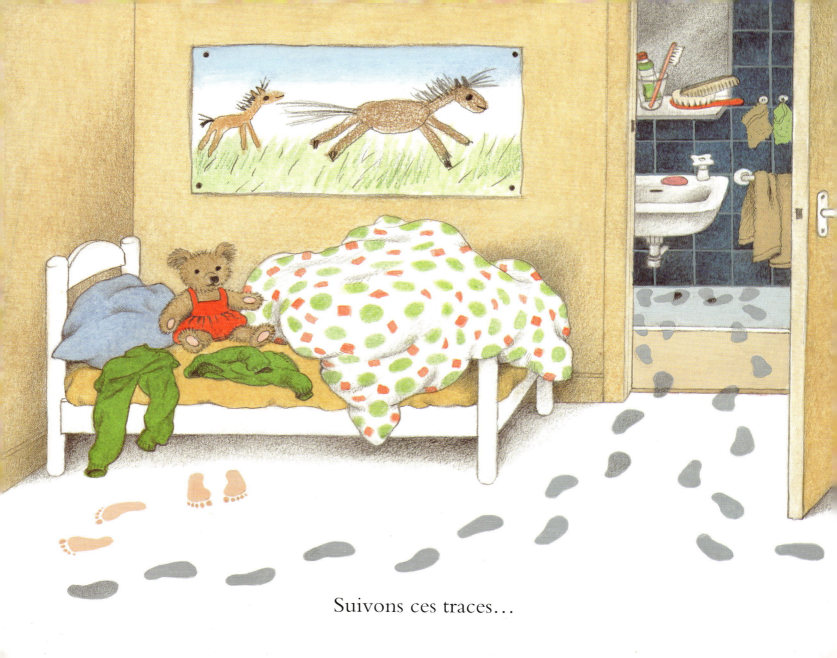
Suivons ces traces…

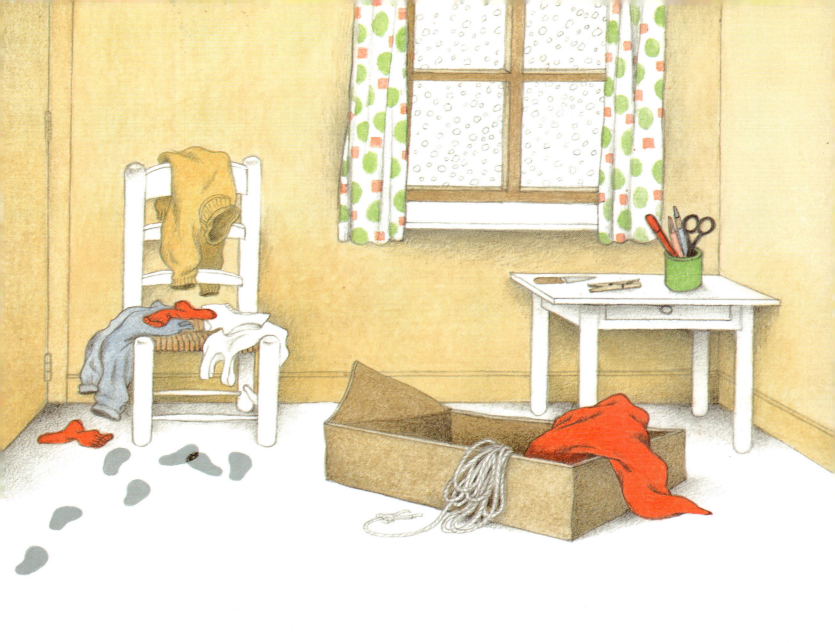

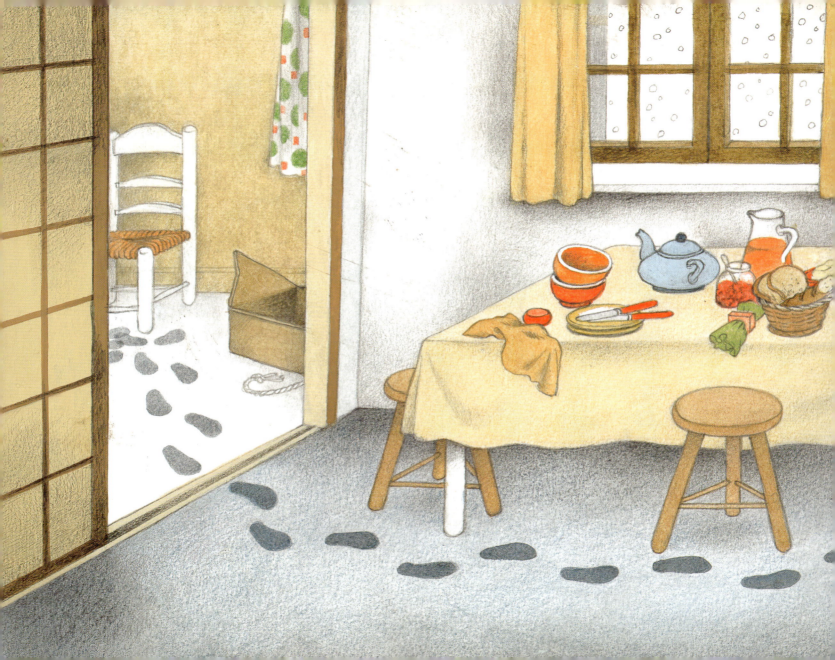

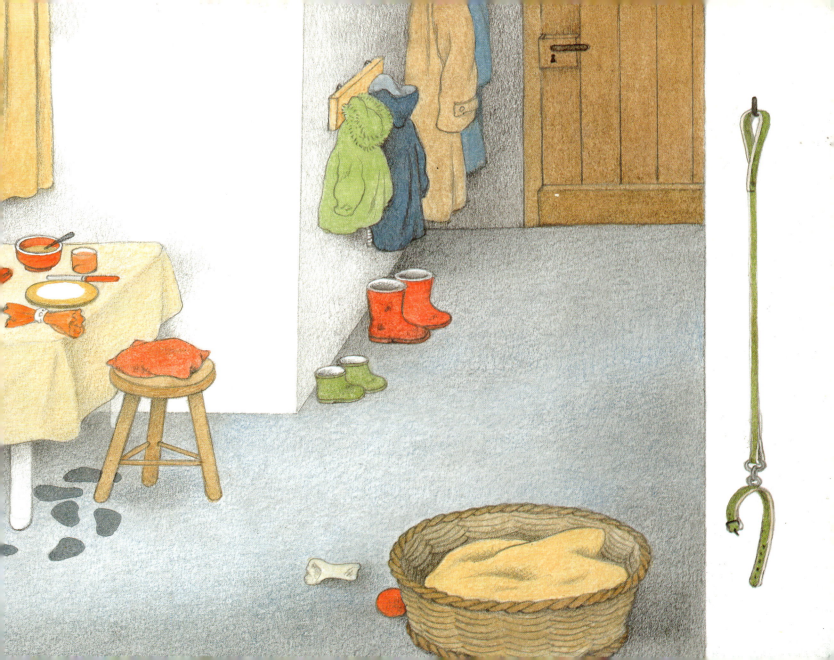

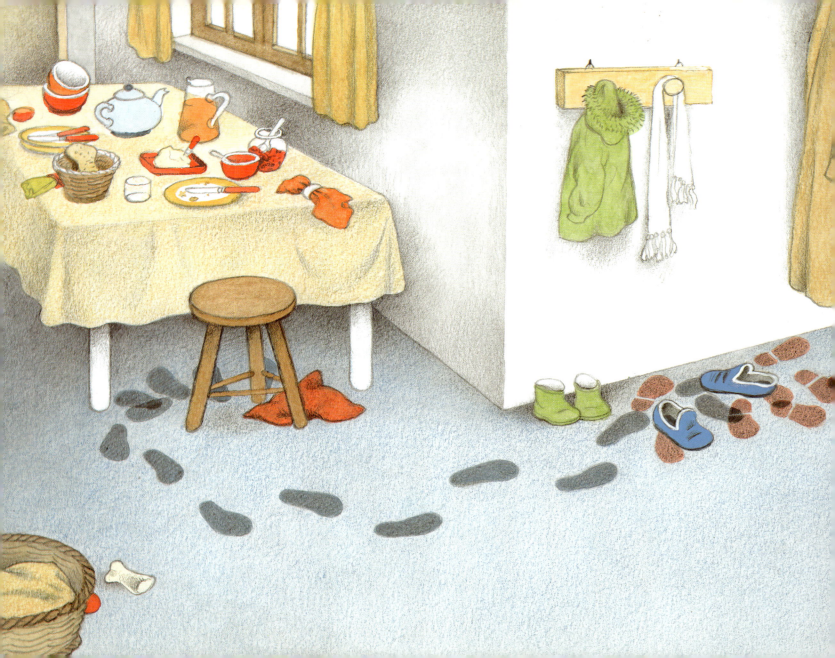

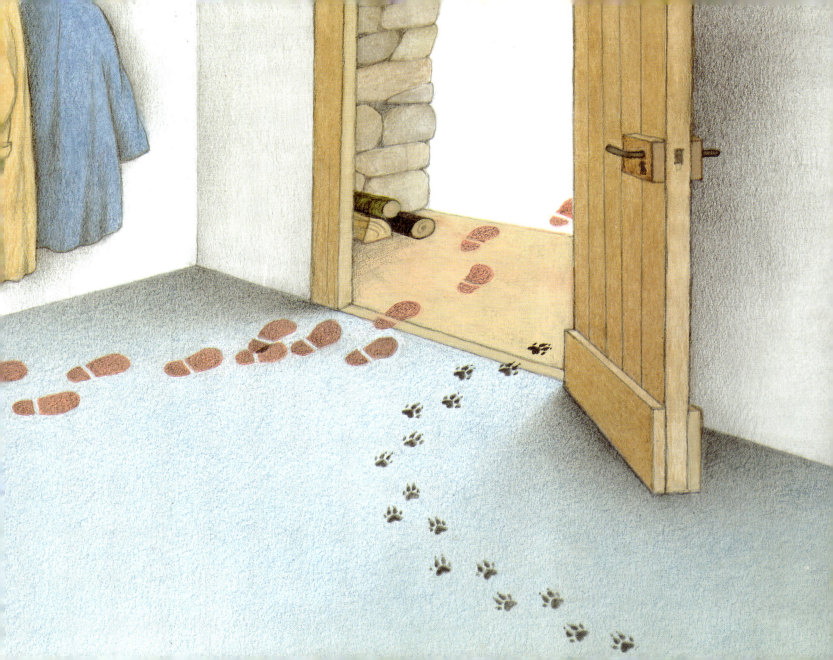

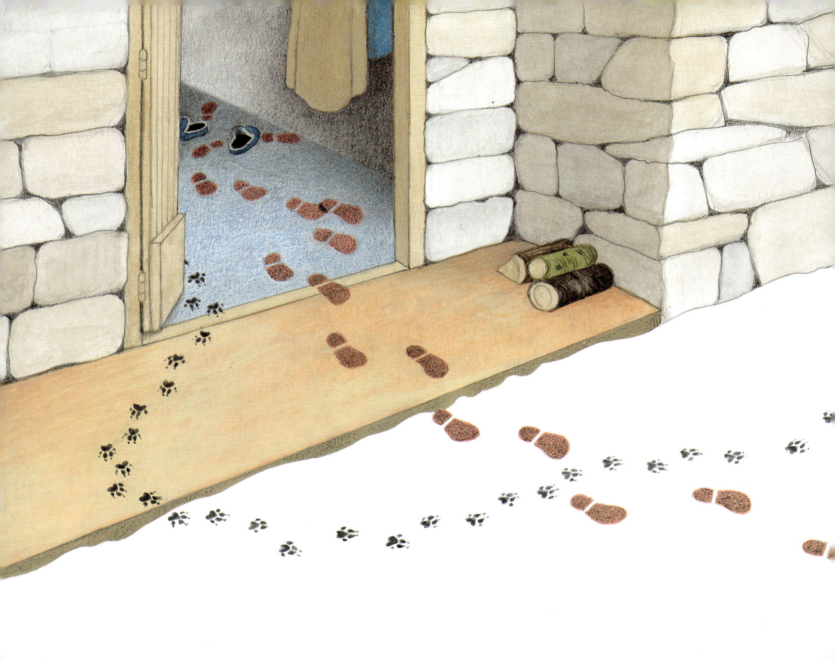

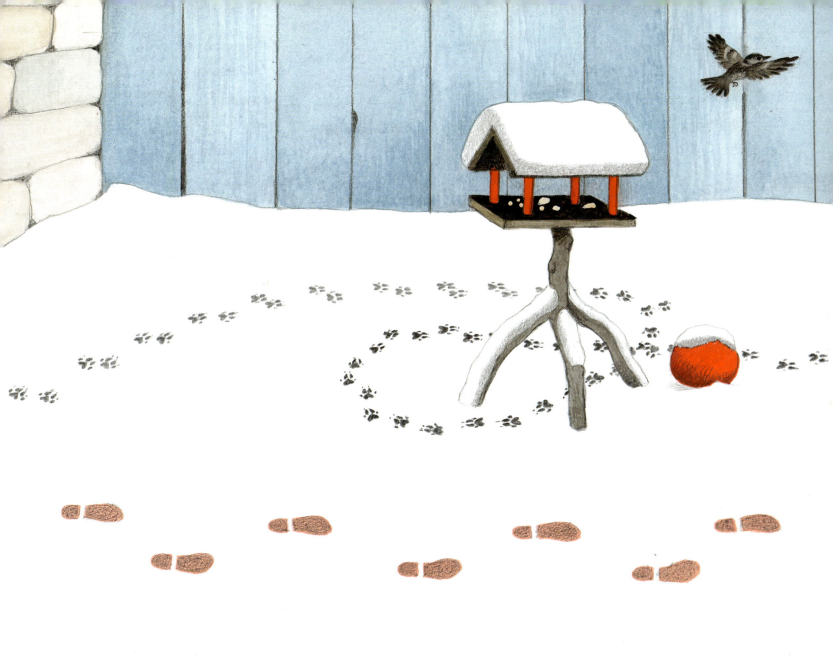

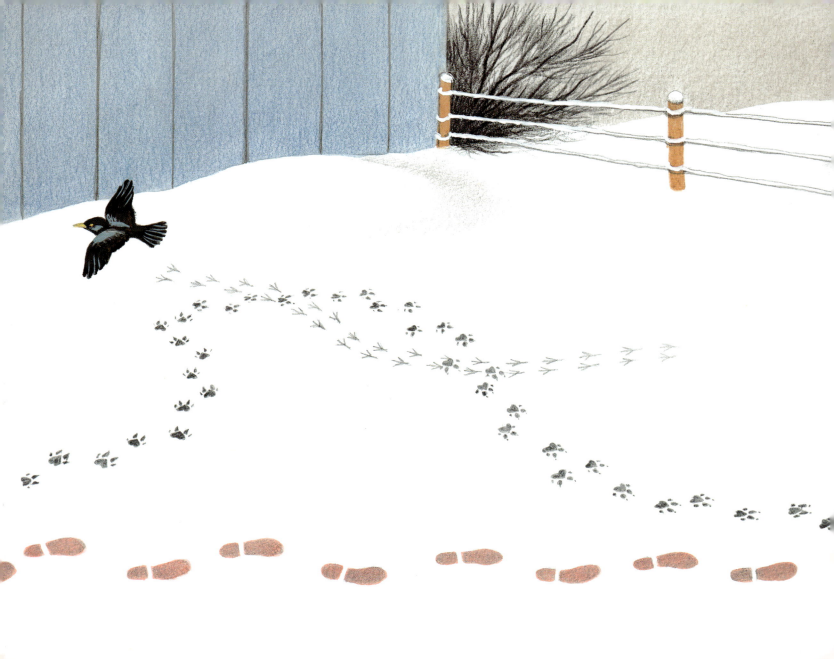

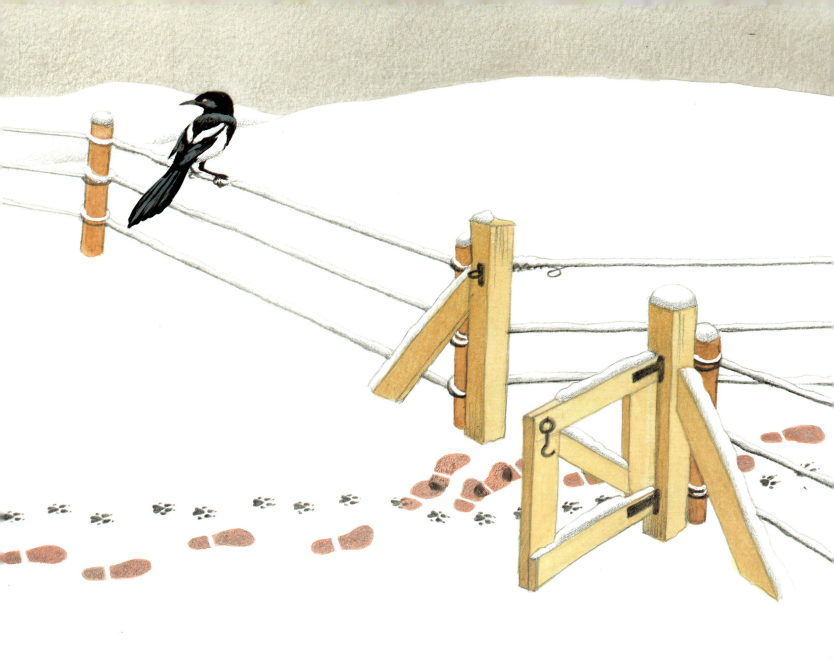

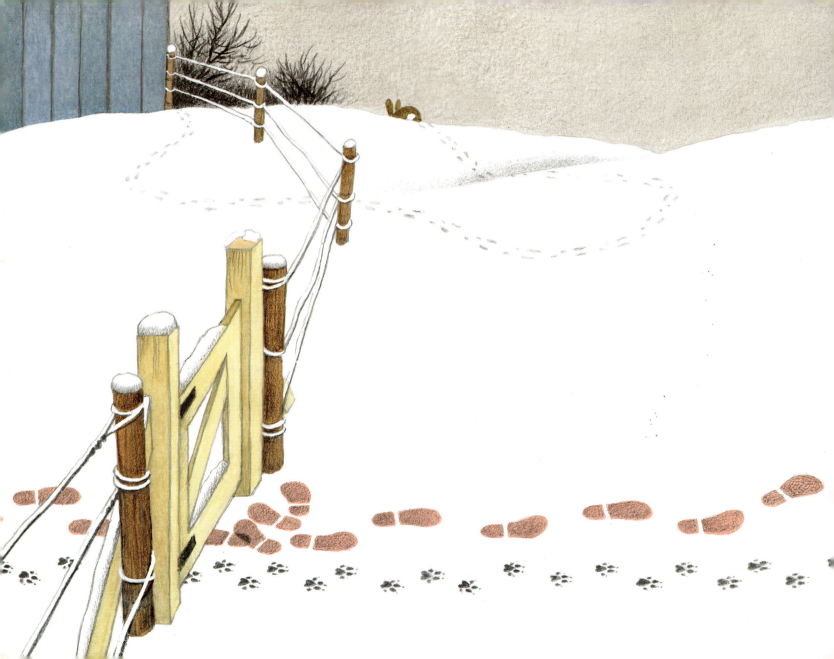

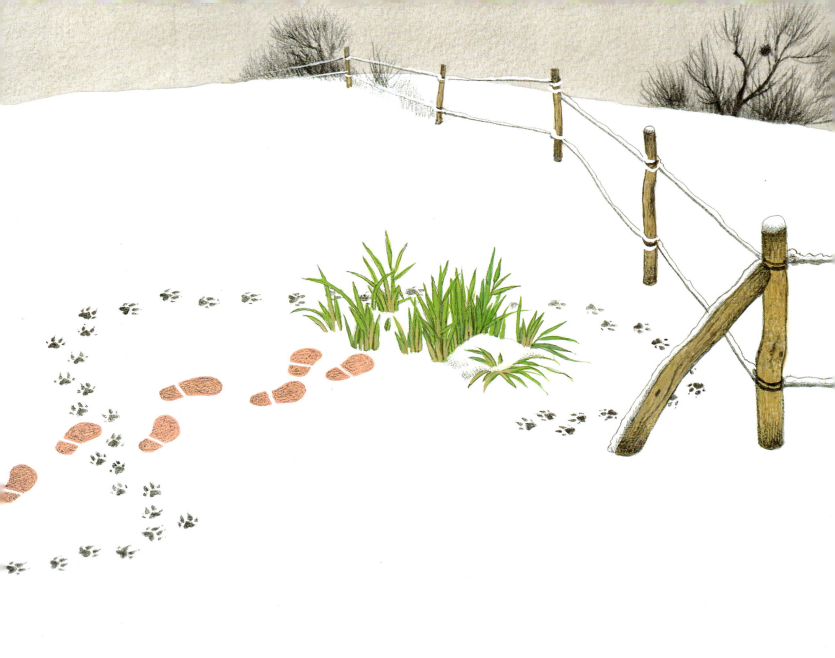

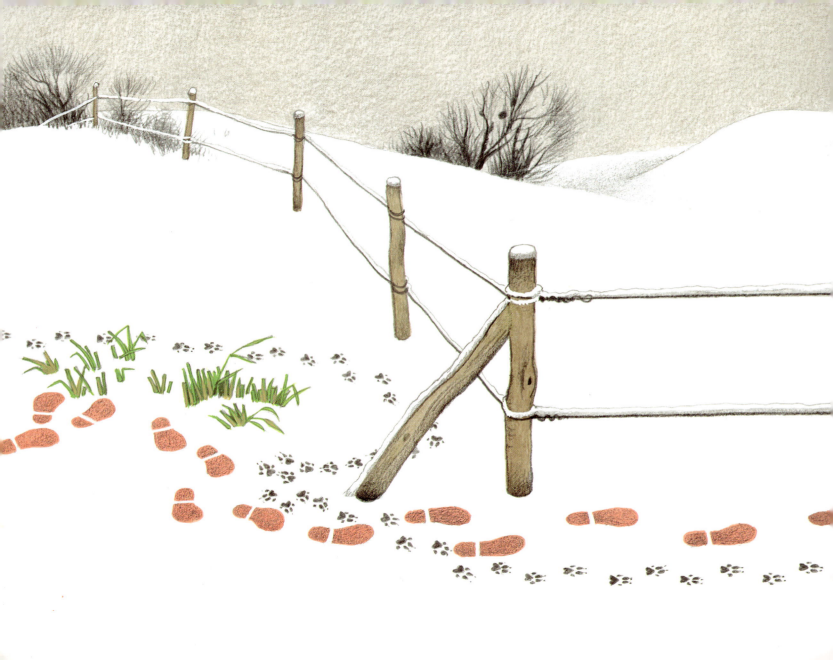

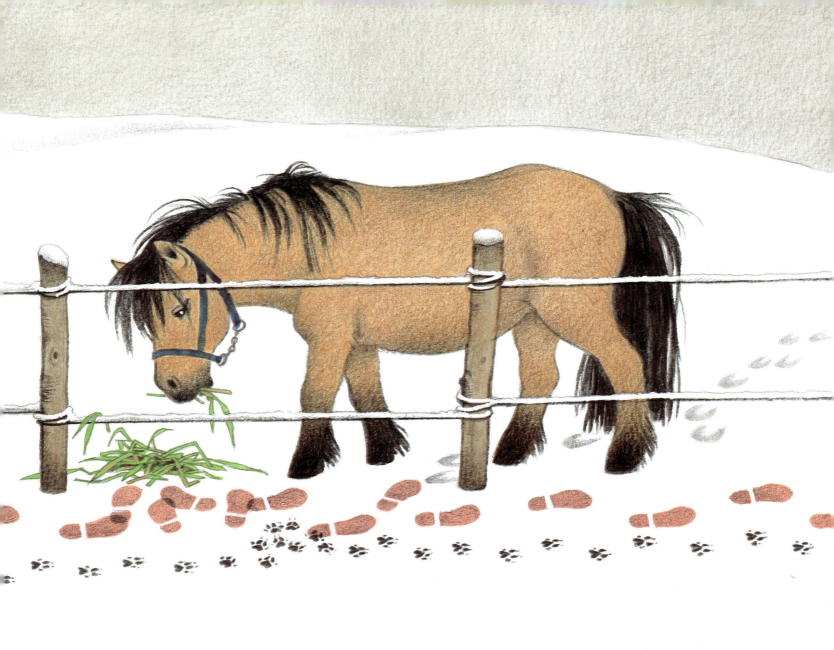

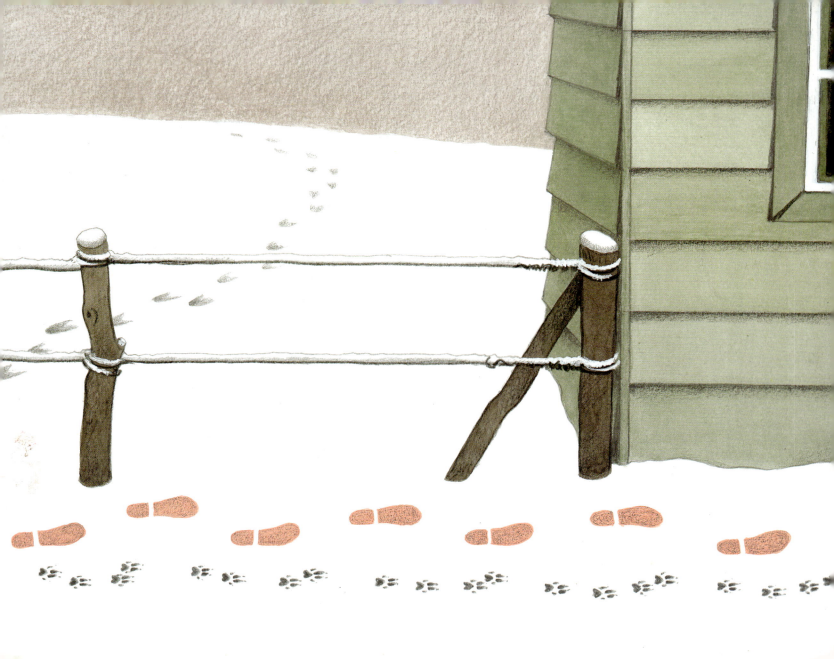

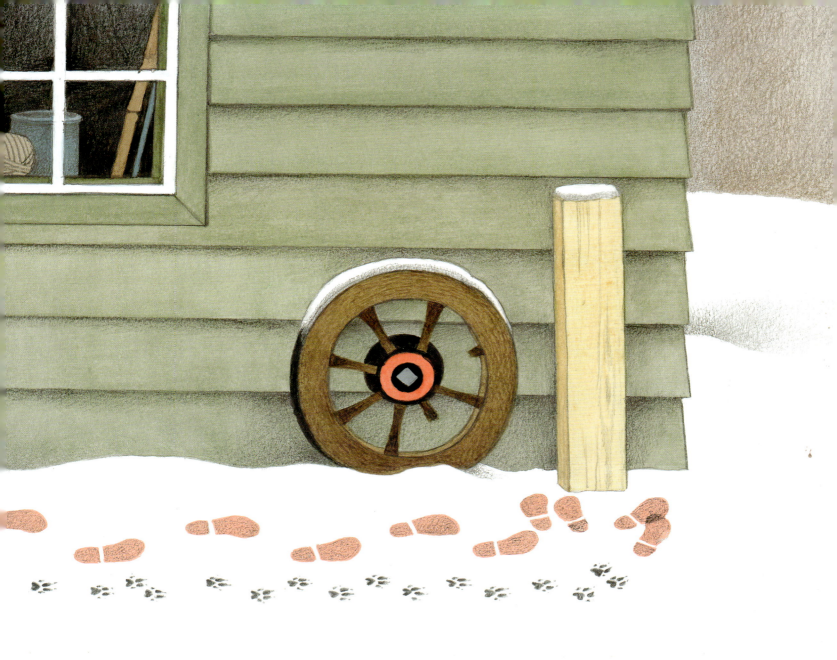

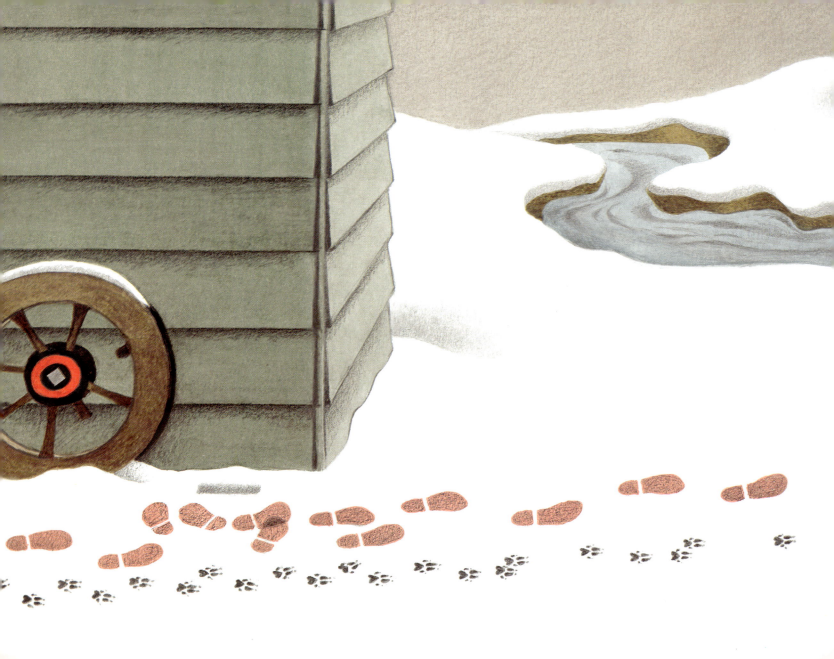

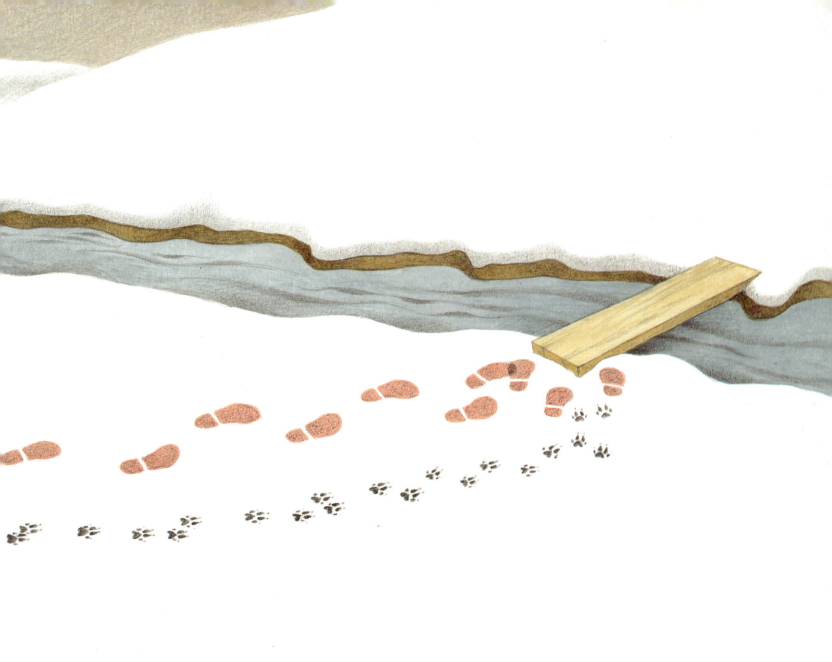

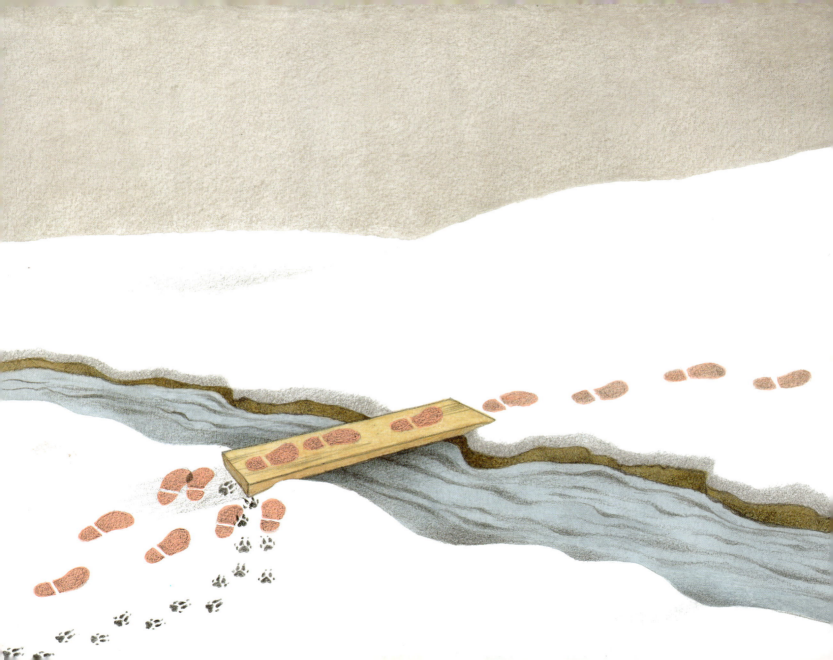

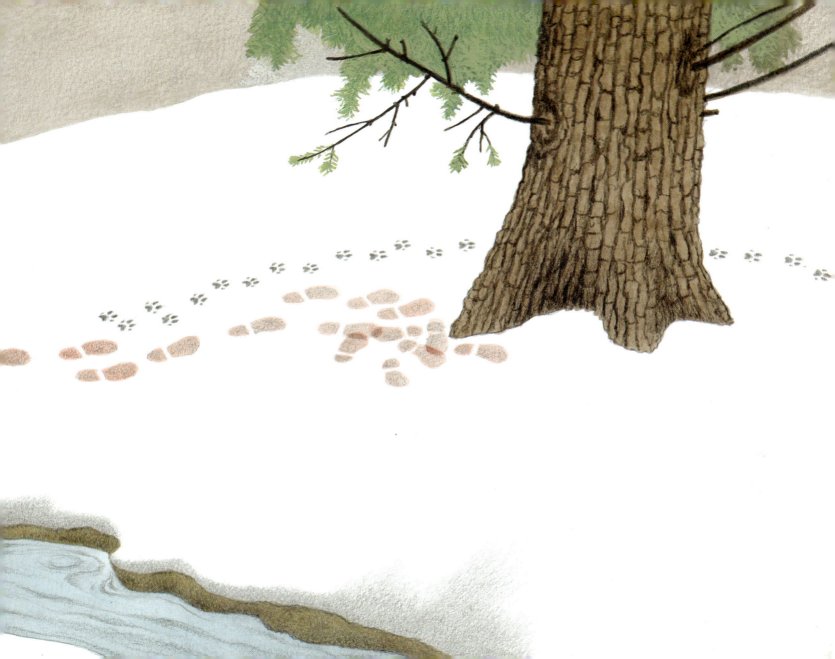

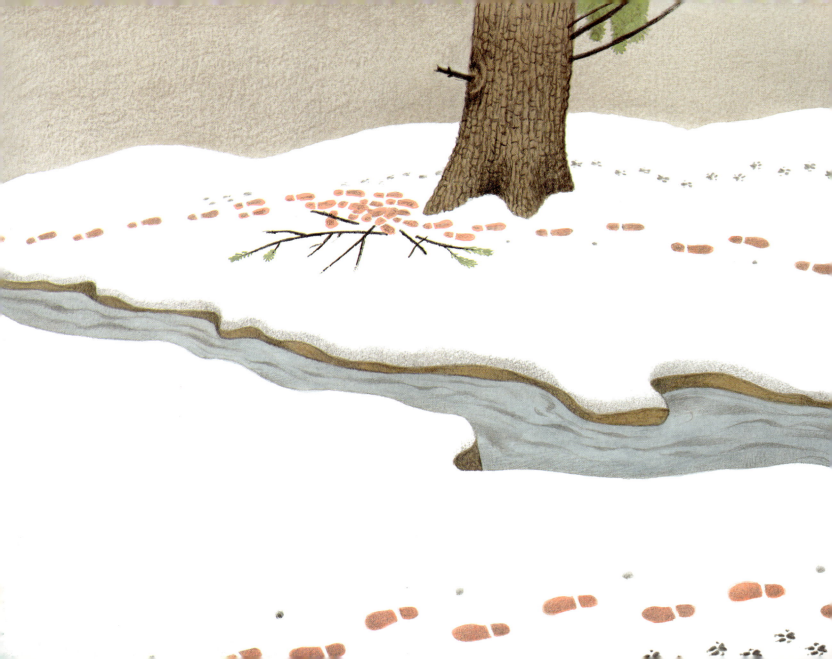

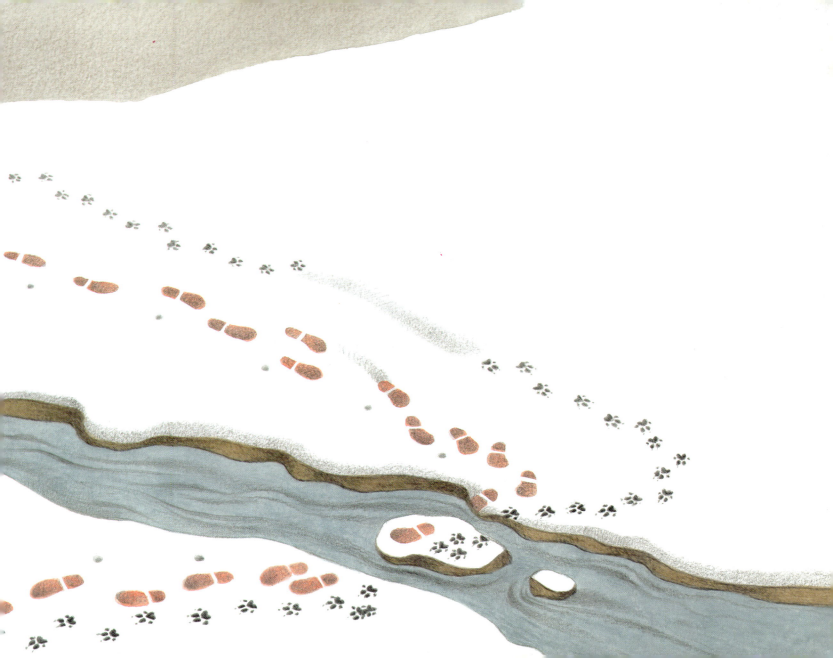

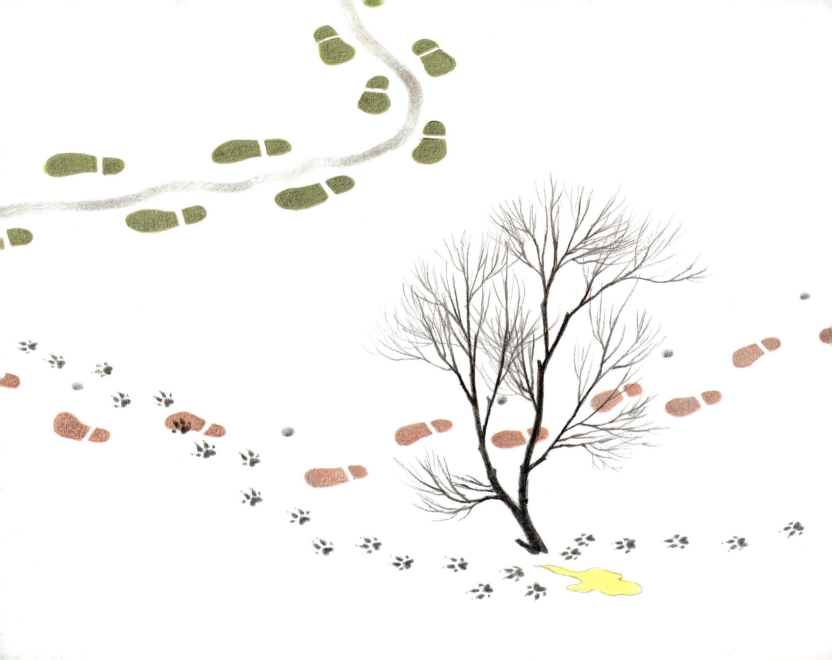

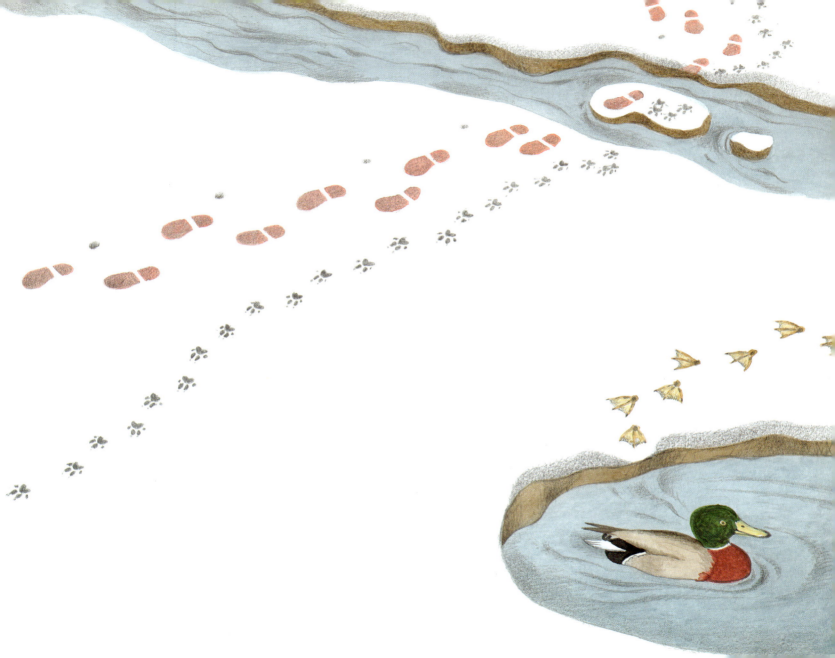

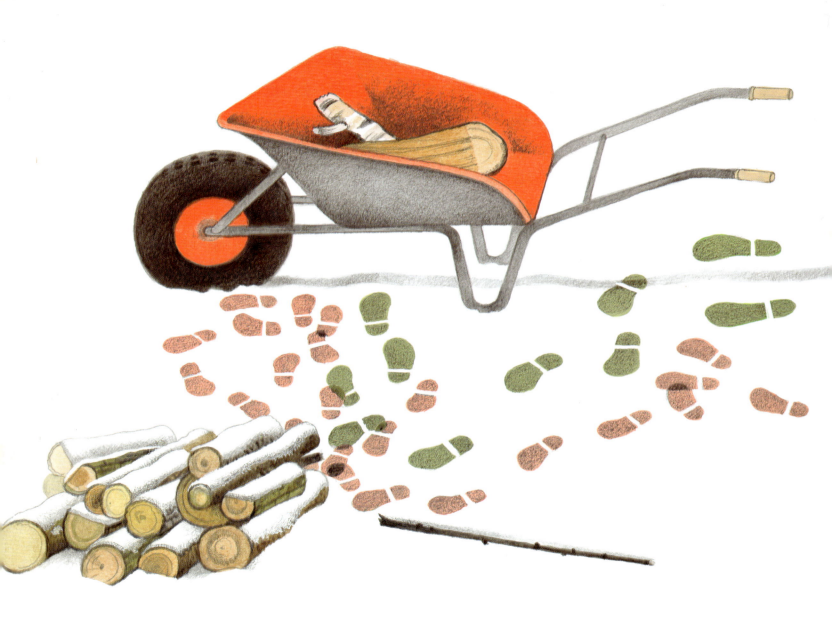

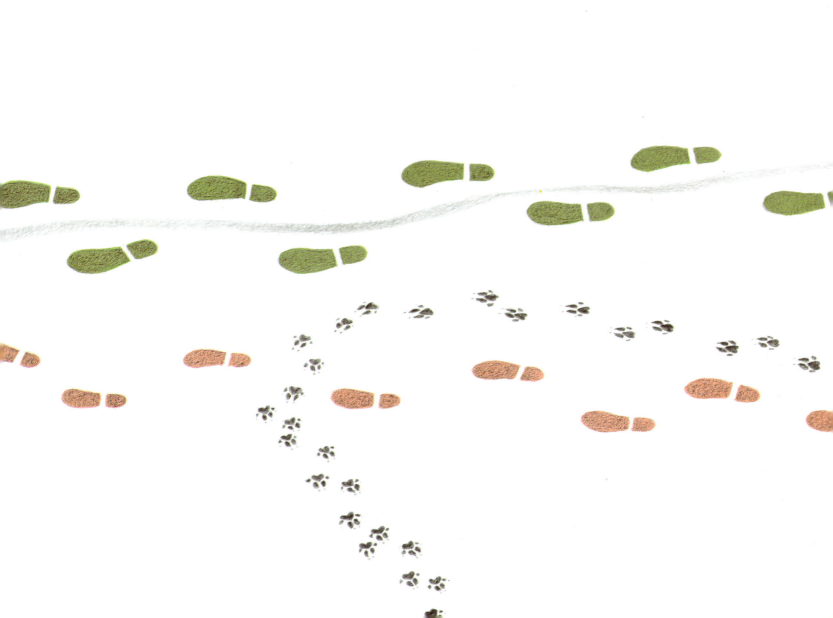

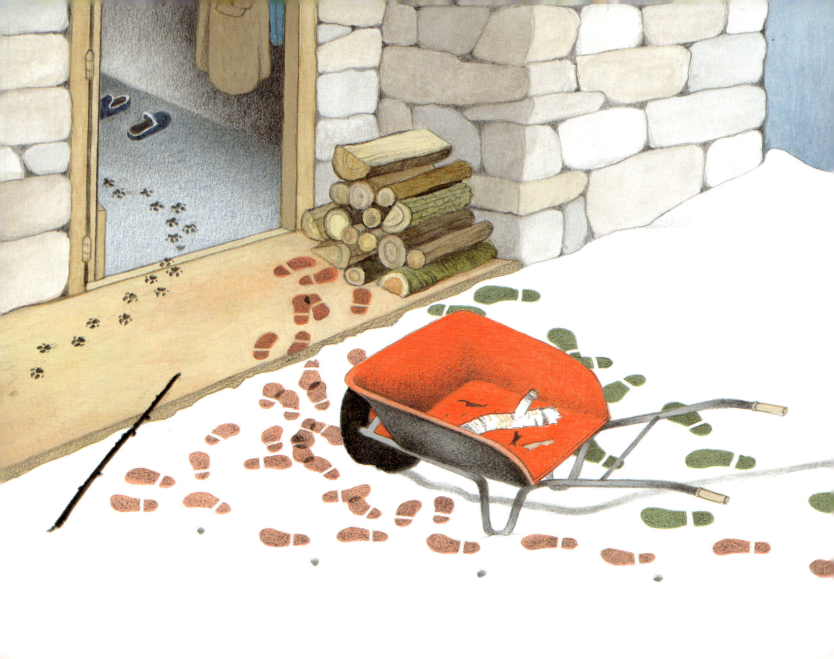

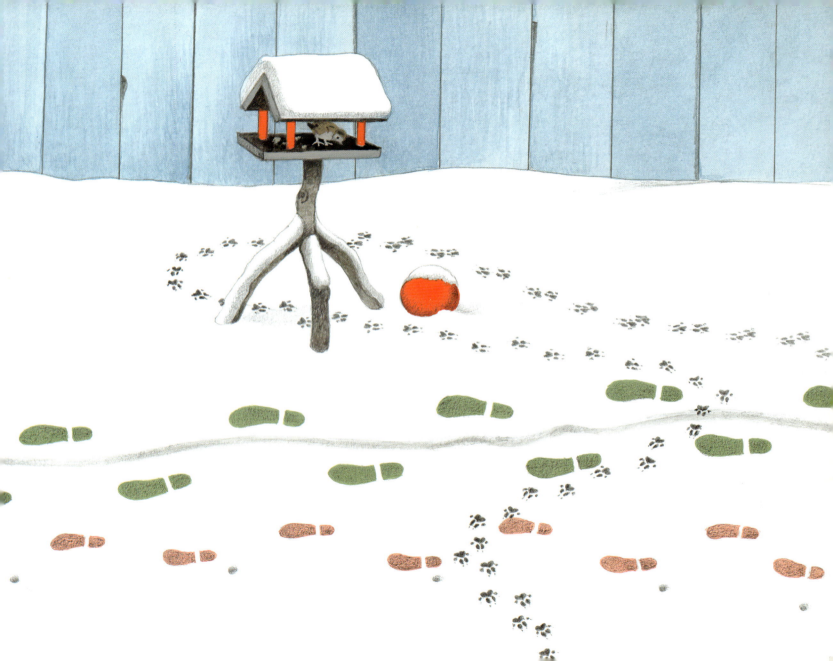

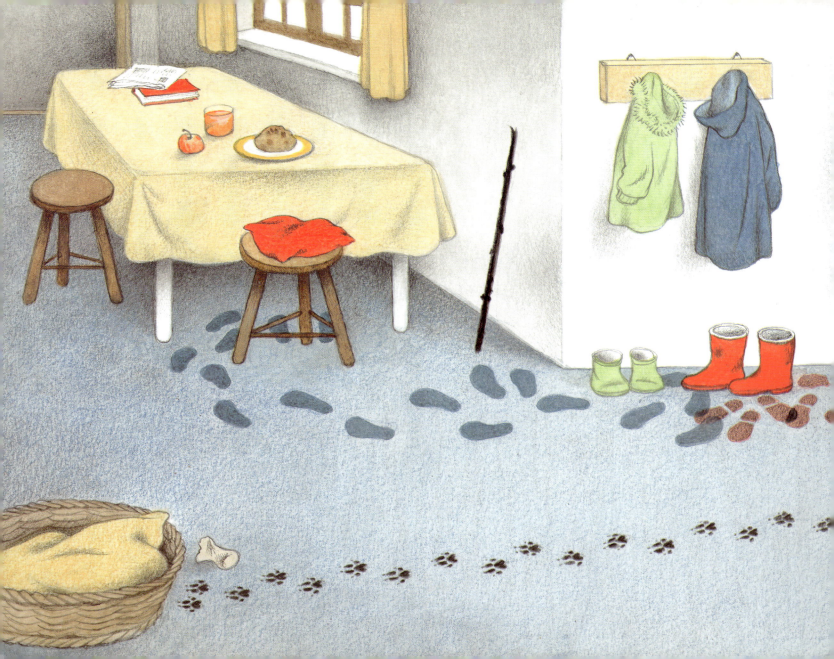

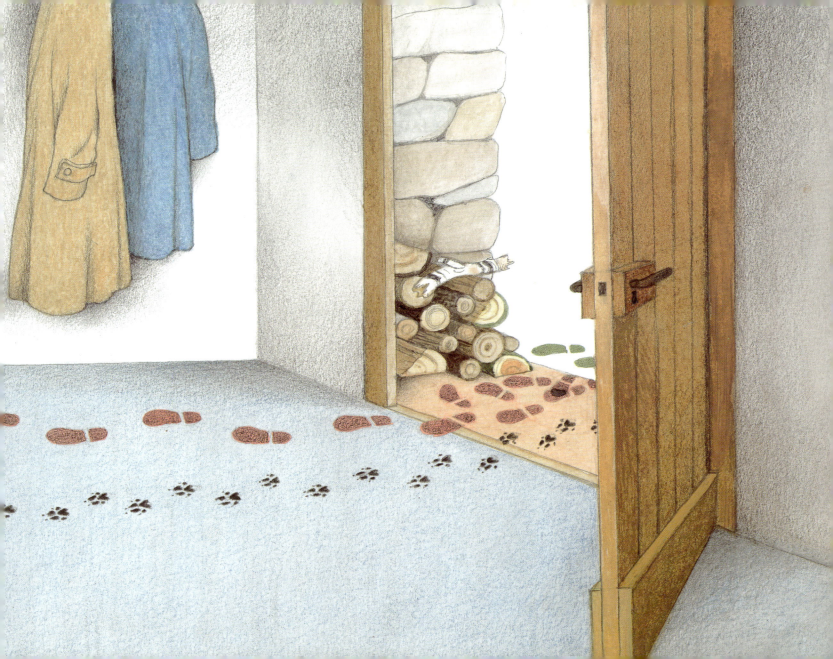

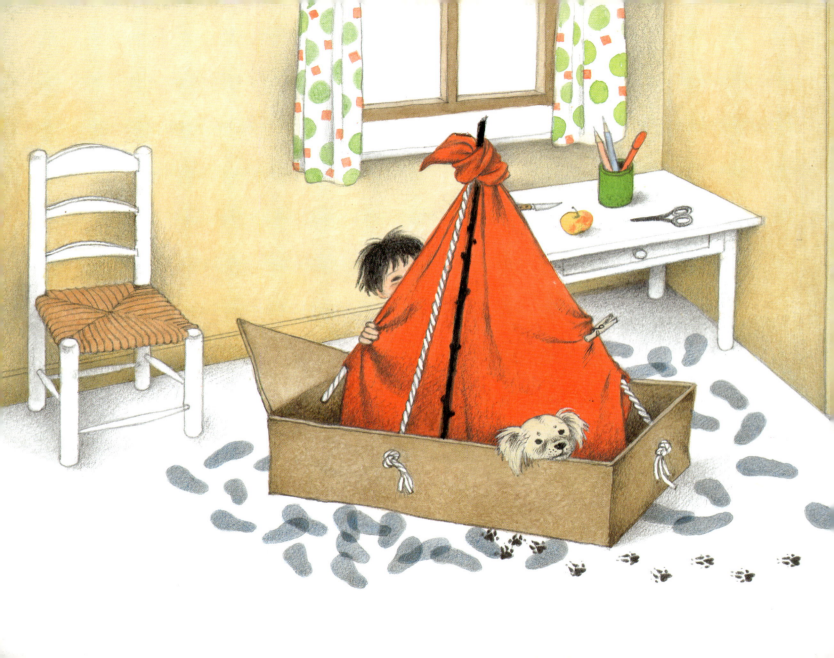

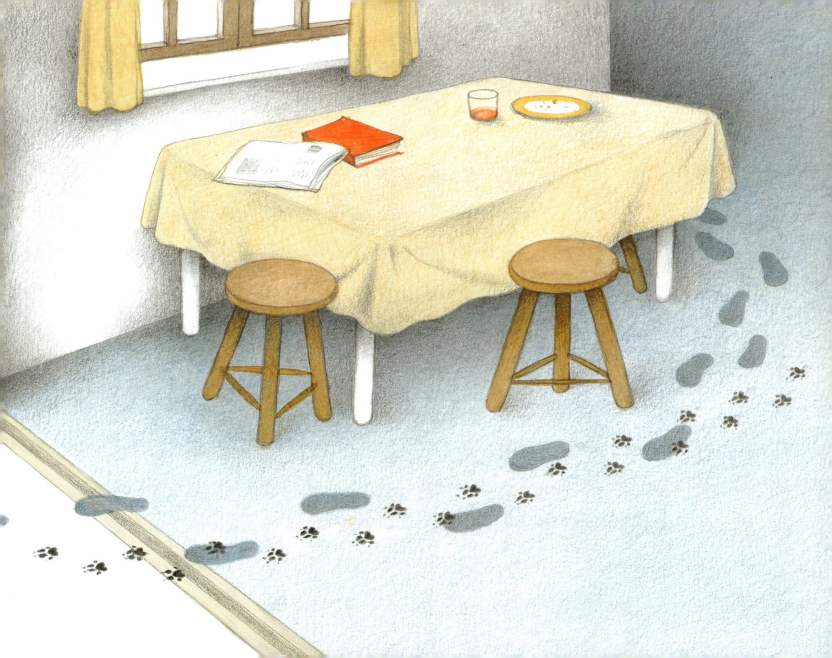

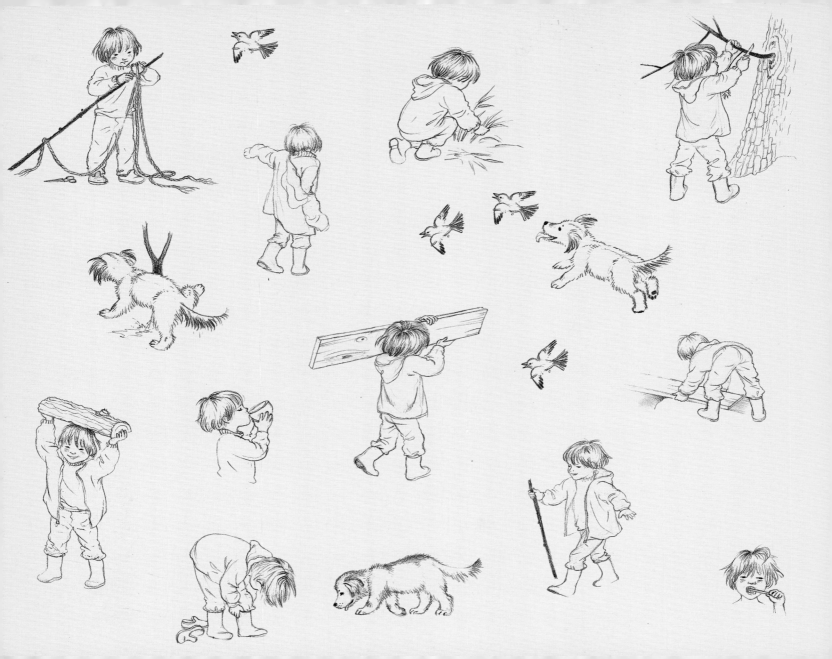

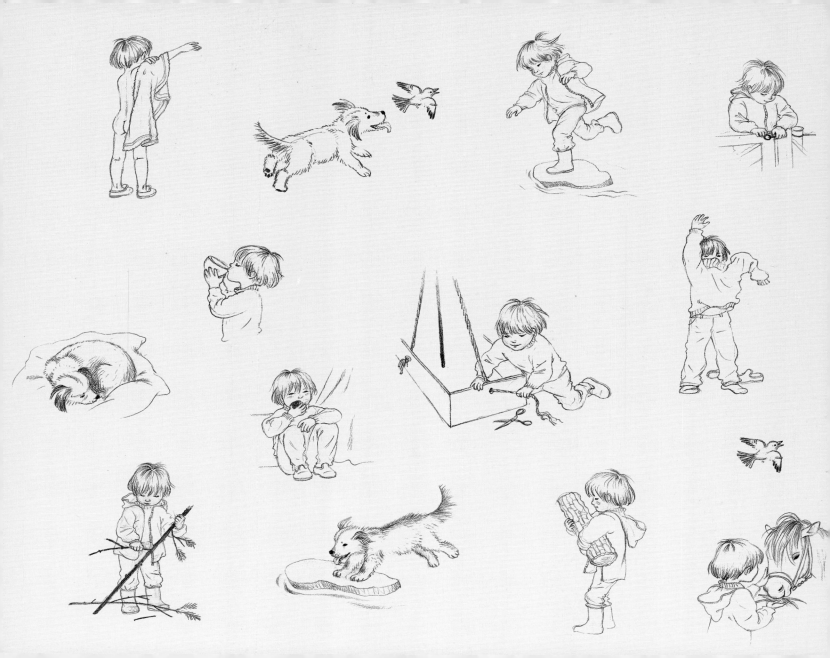